SUR LES VÉGÉTAUX

QUI PRODUISENT

LE BEURRE ET LE PAIN D' « O'DIKA »

DU GABON-CONGO

ET

SUR LES ARBRES PRODUCTEURS DE LA GRAINE

ET DU BEURRE DE « CAŸ-CAŸ »

DE COCHINCHINE ET DU CAMBODGE

VALEUR COMPARÉE DE CES DEUX PRODUITS

PAR M. LE Dʳ ÉDOUARD HECKEL,

Professeur à la Faculté des Sciences de Marseille,
Directeur du Musée et de l'Institut colonial de Marseille.

HISTORIQUE.

Si les nègres du Soudan, dans les hautes vallées du Haut-Niger et dans la région du Congo français (vers 4° de lat. N.), savent préparer pour leurs besoins alimentaires la graisse fournie par les semences du *Cé* ou *Karité* (1), les Pahouins du Gabon, moins industrieux, utilisent journellement, pour leurs apprêts culinaires, une pâte solide et grasse tout à la fois, qu'ils nomment *O'Dika*. Elle est faite des graines torréfiées de l'*Irvingia gabonensis* BAILLON, végétal propre à l'Afrique tropicale.

Ce produit a déjà excité la curiosité de quelques chercheurs notamment de O'Rorke (2) ; plus tard, Baillon en a repris l'examen surtout au point de vue de ses origines végétales.

(1) Voir pour la préparation de ce beurre, sa composition chimique et son emploi industriel en France, mon article intitulé *Sur un arbre producteur de Gutta et de corps gras*, dans le journal *La Nature* de G. Tissandier, 1885.
(2) *Note sur le pain de Dika*, *Répertoire de pharmacie*, février 1858.

Ce savant, qui s'est appesanti sur la question botanique (1), mais sans donner une figure de cet important végétal, a cependant ajouté aux données de O'Rorke quelques renseignements nouveaux. Sa description botanique, quoique détaillée, avait aussi besoin d'être complétée.

Il m'a paru intéressant de revenir sur cette étude pour la parfaire, autant qu'il était en mon pouvoir, tant au point de vue botanique qu'économique. Il était aussi nécessaire, au double point de vue de la science pure et de ses applications bromatologiques et industrielles, de comparer le beurre et le pain d'*O'Dika* aux produits similaires nommés *Caÿ-Caÿ*, fournis par des végétaux congénères de l'*Oba* (*Irvingia gabonensis*), mais indigènes de la Cochinchine et du Cambodge.

Les Pahouins du Gabon emploient pour leur nourriture quatre aliments gras différents tirés des végétaux :

1° Le O'DIKA, 2° Le N'JAVÉ (*Baillonella toxisperma* Pierre), 3° le NOUNEGOU (*Tieghemella ? Jollyana* Pierre), 4° l'OWALA (*Pentaclethra macrophylla* Bentham).

Je me suis déjà occupé de cette dernière semence (2) et je crois en avoir montré tous les avantages comme graine industrielle d'une très grande valeur pour la stéarinerie. Les autres, on le verra, car je compte m'en occuper en leur temps, ont une importance égale : je veux parler du N'JAVÉ et du NOUNEGOU. Entre les plantes à matières grasses de cette région, je traiterai aujourd'hui seulement de l'*Oba*.

CHAPITRE I.

BEURRE ET PAIN DE O'DIKA.

En langage M'PONGUÉ, l'arbre (*Irvingia gabonensis*) qui fournit les graines avec lesquelles on fabrique le pain de *O'Dika* (3), s'appelle *Oba* et son fruit *Iba* : en langage PAHOUIN

---

(1) *Études sur l'herbier du Gabon du musée des colonies françaises* (Adansonia, t. VII, p. 248).

(2) *Sur les graines de l'Owala* (*Répertoire de pharmacie*, décembre 1892).

(3) M. le professeur Marchand (*Anacardiacées*, 105) dit à propos du *Mangifera africana* Oliv. (*Fegimanra africana* Pierre) : « Il ne nous paraît pas impossible d'admettre que cette plante fournisse une partie du *pain de Dika*, car, au dire des voyageurs, beaucoup de fruits aux semences oléagineuses portent ce nom d'*Oba*. Or, le *M. africana* est dans ce cas. » Il m'a été impossible de

(dialecte *Mazounna*) l'arbre s'appelle *Endogŏ* et le fruit *Dogŏ*, mais la dernière syllabe est presque muette et forme une sorte d'expiration difficilement appréciable pour une oreille européenne. Le pain de *O'Dika* est appelé en pahouin *N'Dogŏ* comme le fruit de l'arbre.

HABITAT. — DESCRIPTION. — L'*Oba* (*Irvingia gabonensis*) qui abonde dans les forêts de l'intérieur du Gabon est un grand arbre qui atteint 25 à 30 mètres de hauteur (d'après M. Gouyon); c'est par conséquent un des grands végétaux qui dominent la brousse et forment la voûte supérieure des bois. En dehors du bassin de l'Ogooué, l'*Oba*, d'après les notes que veut bien me transmettre M. Fondère, chef d'exploration du Congo, se trouverait dans la vallée du *Niari-Quillou*, disséminé au milieu de la forêt de *Mayomba*. Il disparaît à la sortie de cette forêt, et on ne le retrouve plus dans les plaines des environs des postes de *Loudina* et de *Bouenza*, mais il reparaît dans le bassin du Congo, dans la vallée du *Djoué*, affluent du Congo qui coule non loin de *Brazzaville*. Dans l'Oubanghi, on le trouve depuis le confluent de cette rivière jusqu'à 4°,30' lat. Nord, c'est-à-dire jusqu'au poste de *Bangui* au pied des rapides de *Zongho* (1). Au-dessus, pays de plaines,

contrôler cette prévision, n'ayant pas pu, jusqu'ici, me procurer les graines du *Fegimanra africana*. Mais je sais sûrement que les graines d'*Owala* sont couramment mêlées à celles de l'*Oba* vrai pour la fabrication du pain d'*O'Dika*, qui, de ce fait, se trouve enrichi de 10 % en matières albuminoïdes. S'il est exact que la graine de *Mangifera africana* soit mêlée à celle de l'*Oba* pour la fabrication du pain de *O'Dika*, il faut reconnaître qu'elle diffère profondément de celle du *Mangifera indica*, qui est surtout riche en tannin et pas du tout en matière grasse.

(1) D'après les inflorescences de l'*Oba* que j'ai reçues du Congo (par feu Pierre, Directeur du jardin de Libreville, au retour d'un voyage à Loango), j'incline à croire que l'espèce dominante, dans cette région, serait l'*Irvingia Smithii* Hook. f.; c'est, du reste, là, l'opinion de Smith, qui indique cette espèce dans le Congo, tandis que Barter la signale dans le Niger. Je rappelle ici que cette espèce ne se différencie de l'*Irvingia gabonensis* que par des caractères peu marqués dont le plus important est celui d'un embryon albumineux dans la graine. Par ailleurs, 1° la forme des feuilles très coriaces, ovales elliptiques, arrondies à la base avec un sinus étroit et cordiforme à l'insertion du pétiole ; 2° les inflorescences axillaires ou terminales en grappes paniculées égalant ou dépassant la longueur des feuilles, les pédoncules floraux insérés un à un le long de l'axe floral tandis qu'ils sont rassemblés par 5 ou 6 dans l'*Irvingia gabonensis* ; 3° le style de la longueur de l'ovaire, constituent des caractères dont la constance me paraît fort douteuse. On trouve, du reste, des états intermédiaires entre la manière d'être d'*Irvingia gabonensis* et celle d'*I. Smithii*.

l'*Oba* disparaît, la végétation change absolument (1). Dans la forêt de *Mayomba*, les indigènes préparent et consomment l'*O'Dika* : cette pratique ne se retrouve plus que dans les tribus anthropophages Bonjos qui occupent les deux rives de l'Oubanghi, entre 1º et 3º de lat. Nord. Ailleurs, sur le Congo, ils se servent du fruit, mais sans recourir à la préparation spéciale qui en transforme la graine en pain de *O'Dika*.

O'Rorke dit, d'après Aubry-Lecomte, que ce végétal est connu sur la côte depuis Sierra-Leone jusqu'au Gabon. Oliver (*Flora of trop. Africa*, t. I, p. 314) cite les localités suivantes pour ce végétal : Ile des Princes (*Barter*, *Mann*); Rivières, Muni et Cameroon (*Mann*). La variété *tenuifolia* de ce végétal, établie par Hooker fils (*Linn. Transactions* 23-167), a les feuilles faiblement coriaces ou submembraneuses, largement elliptiques, obtuses ou courtement et largement apiculées. Le style est grêle et allongé comme dans le type. Une seule localité est indiquée par Oliver (*Flora of trop. Africa*, I, p. 314), c'est *Abbeokuta* (Irving). C'est cette même variété que Barter appelle le *Mango sauvage* des indigènes de Sierra-Leone: je serais porté à croire, d'après quelques spécimens que j'ai eus entre les mains, qu'elle règne mêlée au type et quelquefois dominante sur toute la côte occidentale d'Afrique située au-dessus de l'équateur, c'est-à-dire depuis Sierra-Leone jusqu'au Gabon. Au-dessous de l'équateur, c'est-à-dire dans le Congo, nous avons vu que, vraisemblablement, l'*Oba* des indigènes de cette région est constitué par l'*Irvingia Smithii* Hooker fils.

Voici la description de la plante du Gabon : *Irvingia gabonensis* :

Dans les régions qui constituent son habitat connu, l'*Oba* est un bel arbre ayant l'aspect de notre chêne. De son tronc se dégagent des branches longues, étalées, peu rameuses. Les rameaux sont, comme elles, recouverts d'une écorce grisâtre (2), avec les extrémités vertes,

(1) D'après MM. Grisard et Vanden-Berghe (*Les bois industriels exotiques. Revue des sciences naturelles appliquées*, nº 21, 5 novembre 1892, p. 429-430), l'*Irvingia gabonensis* remonterait sur le littoral de l'Afrique tropicale, depuis le Gabon jusqu'à Sierra-Leone. D'un autre côté, mon zélé correspondant M. Autran, de Libreville, m'écrit que ce végétal se trouve au Dahomey, d'où la graine serait exportée par la maison Mantes frères, de Marseille. Ces renseignements semblent confirmatifs l'un de l'autre.

(2) « Le bois, d'une dureté et d'une densité moyennes, d'une texture assez fine et serrée, est susceptible de poli et peut être employé à divers travaux,

striées irrégulièrement selon la longueur. Les stipules supra-axillaires qui appartiennent à la dernière feuille se comportent ici comme dans tous les Irvingia, de la même façon que dans les Artocarpées, et enveloppent toute la portion extrême du jeune rameau, jusqu'au jour où elles se détacheront à peu près circuláirement par leur base, pour dégager les feuilles suivantes. Les feuilles, dont le pétiole est assez court (1/2 centimètre environ), sont très variables de taille (voir fig. 1); elles ont souvent 1 décimètre de longueur sur 5 centimètres de largeur ; mais il y en a dont les dimensions sont doubles. Leur forme est ovale ou elliptique-aiguë, à sommet brièvement acuminé dans un grand nombre de cas. Leur base est plus souvent atténuée en coin qu'arrondie et fréquemment insymétrique, l'une des deux moitiés présentant une tendance à former une sorte d'auricule peu prononcée. Lisses et brillantes en dessus, quand elles sont fraîches, plus ternes en dessous, minces et sèches, même quand elles sont vivantes, elles possèdent une belle teinte d'un vert sombre. Leurs nervures pennées, formant un réseau assez délicat, sont surtout visibles et proéminentes à la face inférieure, où elles présentent une teinte blanchâtre. Les inflorescences situées à l'aisselle des feuilles, et *en grappes simples ou rameuses de cymes pauciflores* (fig. 1 et fig. 3) *sont plus courtes ordinairement que les feuilles.*

Les axes sont grêles, noirâtres sur la plante sèche, renflés çà et là au niveau des divisions. Ce végétal fleurit au Gabon-Congo plusieurs fois par an. La récolte se fait surtout en novembre et en décembre (1).

Les fleurs normalement tétramères présentent, sur un court réceptacle convexe, un calice gamosépale à quatre divisions plus ou moins profondes, obtuses et arrondies au sommet, et dont la *préfloraison est valvaire* (fig. 2 *A*). Les pétales blanchâtres ou d'un jaune pâle et légèrement verdâtre sont libres, caducs et imbriqués dans la préfloraison. L'androcée est diplostémoné : avec quatre pétales on observe huit étamines, dont quatre oppositipétales sont longtemps plus courtes que les quatre autres. Leurs filets sont corrugués dans le bouton et leurs anthères biloculaires sont *orbiculaires* ou *elliptiques* et d'abord introrses (fig. 2, *C* et *D*). L'insertion des étamines se fait en dehors de la base d'un disque hypogyne qui présente huit sillons ou encoches correspondant aux filets étaminaux ; ce disque est à l'état frais d'une

› mais comme l'arbre, par les fruits qu'il produit, rend de plus grands services
› aux indigènes, ceux-ci préfèrent le conserver et exploiter d'autres essences
› pour leurs besoins économiques. › (Grisard et Vanden-Berghe, *loc. cit.*)

(1) Cette récolte est des plus faciles, cependant l'incurie des nègres est telle qu'une immense quantité des semences est laissée sur le sol où les rats, très communs dans les forêts du Gabon, s'en montrent si friands, qu'au bout de quelques jours tous les noyaux sont ouverts et les amandes dévorées par ces rongeurs. Ces noyaux sont, du reste, moins résistants que ceux de l'*I. Oliveri* et de l'*I. Malayana* de Cochinchine et du Cambodge, qui sont aussi brisés par certains animaux pour en dévorer l'amande.

belle couleur jaune citron. L'ovaire est atténué en un style à tête stigmatifère très peu prononcée, *qui est plus court que l'ovaire : ce style est accrescent* (fig. 4). L'ovaire renferme un seul ovule dans chacune de ses deux loges. Cet ovule, incomplètement anatrope, est suspendu à l'âge adulte avec le micropyle dirigé en haut et en dehors.

Le fruit de l'Oba (fig. 4) est une drupe verte de la force d'un œuf de cygne, recouverte d'un mésocarpe pulpeux et filandreux ; de saveur térébinthacée analogue à celle du Mangot (fruit du *Mangifera indica* sauvage), mais plus prononcée encore (1). L'endocarpe osseux forme un noyau allongé et plat, filandreux à la surface, plus ou moins allongé, amygdaliforme ou irrégulièrement ovale (fig. 7), comprimé, avec une paroi ligneuse assez dure, épaisse. Lorsqu'on fend ce noyau suivant ses bords, on voit quelquefois, qu'outre une vaste cavité qui contient la graine, il renferme une loge stérile, étroite, en forme de croissant, parallèle à la surface convexe d'un des bords du noyau et quelquefois réduite à une sorte de fissure linéaire et arquée extrêmement peu prononcée (fig. 5, *ls*) La graine est à peu près aussi de la même forme que celle de l'Amandier, mais plus grosse, lisse, luisante à la surface. Le tégument séminal est double ; à *l'extérieur et le long du raphé, se voient des fibres qui s'épanouissent en faisceaux digités, transversaux entre l'endocarpe et le spermoderme et forment comme des griffes de renforcement sur les points d'insertion de la graine au placenta* (fig. 6, *g*).

L'embryon épais et charnu blanc éburné, présente deux gros cotylédons gras et de légère saveur amère appliqués étroitement l'un contre l'autre (fig. 5, *c*). La radicule cylindroconique est cachée dans une sorte de canal formé par les espèces d'auricules que présente la base des cotylédons (fig. 5, *b*). Le sommet de la radicule, très brièvement apiculé, se voit seul dans l'ouverture extérieure et circulaire de ce canal. L'embryon est dépourvu d'endosperme (2).

Une coupe de l'embryon (cotylédons) m'a offert la constitution suivante : au-dessous de l'épiderme à cellules vides (*fig. 8, ép*) règne un parenchyme de cellules grasses (*fig. 8, p g*) interrompu fréquemment par des lacunes mucilagineuses (*fig. 8, l m*) qui règnent dans toute son épaisseur. Ces lacunes

(1) C'est cette particularité qui a valu à la plante son nom primitif de *Mangifera gabonensis*, donné fautivement par Aubry-Lecomte : pour une raison identique, les colons du Gabon appellent l'*Oba* du nom de *Manguier sauvage*, de même que les colons anglais de la côte occidentale d'Afrique appellent l'*Irvingia Barteri* Hook fils, qui ne semble être qu'une forme de l'*Oba*, du nom de *Wild-Mango*.

(2) Je me suis borné à reproduire ici, en la complétant, pour ce qui touche aux fleurs, à l'inflorescence et à la graine, la description, par ailleurs, fort exacte, de M. Baillon (*loc. cit.*). Les parties importantes ajoutées ou rectifiées sont en *italiques*.

qui sont de nature essentiellement léissogènes, ainsi qu'on peut le voir (*fig*. 9, *l m*), se retrouvent, du reste, dans les feuilles et dans la tige de ce végétal. Elles donnent un produit gommeux qui se confond chimiquement avec l'*arabine*. Les corps gras renfermés dans les cellules du parenchyme cotylédonaire sont formés non de globules, mais de masses

Fig. 10. — Fragment d'aspect amygdaloïde d'un pain de O'Dika.

d'une forme variable entourées de granules graisseux. Les cellules en sont à peu près pleines.

La graine seule sert à préparer l'*O'Dika* (pain), de la manière suivante : on brise les noyaux, les graines sont broyées dans un mortier, puis jetées dans une marmite préalablement garnie à l'intérieur de feuilles de bananier. Sous l'influence d'un feu lent et doux, la fusion du corps gras se produit, puis la substance refroidie se prend en une masse assez analogue au *benjoin amygdaloïde* (*fig*. 10), tachetée de

brun et de blanc. Elle est d'un gris brun, onctueuse au toucher, d'odeur intermédiaire entre le cacao torréfié et
l'amande grillée ; sa saveur est agréable, légèrement amère
comme la graine fraîche, d'une astringence analogue à celle

Fig. 11. — Panier indigène renfermant un pain cylindrique de O'Dika.

du cacao. Ce rapprochement est frappant ; toutefois, ce
produit n'a pas l'arôme agréable du cacao (1). C'est cette

(1) Nous verrons bientôt que la composition chimique de ce produit ne rappelle en rien celle du cacao, ni dans son corps gras, ni dans la constitution
de son amande.

similitude qui a porté M. O'Rorke à en faire une espèce de chocolat (qu'il a nommé *Chocolat des pauvres*), en y joignant du sucre et des aromates.

Les nègres du Gabon donnent à l'*O'Dika* la forme d'un pain cylindrique qu'ils enferment dans une enveloppe très solide et très résistante faite de nervures de palmier. Chaque pain mesure $0^m,35$ de haut sur $0^m,35$ de diamètre à la circonférence de la base ; sa valeur vénale est d'environ 15 francs pour un poids de 6 kilogr. (*voir fig.* 11). Mais les Gabonais conservent encore les graines d'*Oba* d'une autre façon et sans faire intervenir la torréfaction. Après avoir séparé les deux cotylédons qui les constituent, ils les enfilent en chapelet et les pendent dans leurs cases (*fig.* 12) où ils se dessèchent bientôt et ne tardent pas à être piqués des vers. Ces chapelets leur servent pour leurs apprêts culinaires; ils en détachent une à une, suivant leurs besoins, les graines grasses nécessaires à leur alimentation journalière, sans se préoccuper de savoir si ces semences sont intactes ou piquées ; les Gabonais n'y regardent pas de si près. Toutefois, il faut remarquer que les Pahouins, qui emploient couramment le pain de *O'Dika* associé à différents mets, notamment aux bananes cuites, tiennent à avoir cette matière grasse aussi exempte que possible de parasites animaux. Dans ce but, ils soumettent les gros

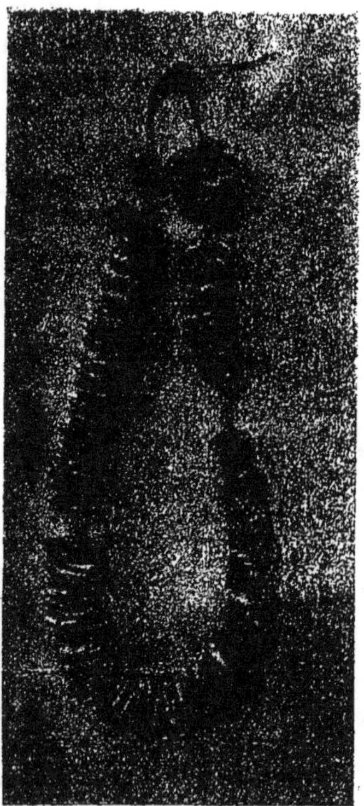

Fig. 12. — Chapelet de graines d'Oba.

pains dont nous avons parlé, à l'action de la fumée, et, pour cela, ils les suspendent, durant plusieurs mois, au faîte intérieur de leurs habitations où s'accumule la fumée de tout le feu qui s'allume dans leurs cases pour les divers besoins

*

domestiques. Ces cases sont, bien entendu, dépourvues de toute cheminée.

Nous allons donner maintenant les recherches que M. le professeur Schlagdenhauffen a faites, sur ma demande, touchant la composition chimique de ce pain de *O'Dika* (1). Jusqu'ici, aucun travail de ce genre n'avait été entrepris ; on ne s'était occupé que du corps gras sous le nom impropre de beurre de *Dika* qu'il faut rectifier en *O'Dika*. Il était cependant d'un haut intérêt de connaître dans quelle mesure ce produit est nutritif.

A. — Pain d'O'Dika.

1. *Traitement à l'éther de pétrole.* — La matière est traitée dans un appareil à extraction continue par de l'éther de pétrole bouillant à 60°. On opère sur 20 grammes et l'on arrête l'opération au bout de six heures. Le liquide jaune, évaporé au bain-marie, abandonne un corps gras d'une odeur spéciale, fusible aux environs de 40°. Le rendement est de 72 % ; il peut même aller jusqu'à 85 % suivant la façon dont on opère. En n'épuisant que le gâteau brut, on n'atteint que la limite inférieure ; mais quand, après cette première opération, on pulvérise les graines restées entières ou grossièrement concassées seulement, pour les soumettre à nouveau à un deuxième traitement, on arrive à en retirer encore jusqu'à 13 % de corps gras, ce qui élève le rendement à 85 %.

2. *Traitement à l'alcool.* — Le liquide alcoolique, obtenu à la suite d'un traitement analogue au précédent, est brun foncé et présente une légère odeur d'empyreume. Il contient du glucose, du tannin et un peu de résine. Soit :

Glucose, tannin, matière amère............	2,40
Résine....................................	0,55
Poids de l'extrait alcoolique..............	2,95

3. *Traitement à l'eau.* — En faisant bouillir le résidu des

---

(1) Cette composition chimique devrait se confondre évidemment avec celle des graines qui composent l'*O'Dika* ; nous verrons qu'il n'en est pas ainsi, et que, par conséquent, un autre facteur végétal intervient dans la composition de ce pain.

opérations précédentes avec de l'eau, on dissout un peu de matière gommeuse, soit 0,623 %. L'extrait aqueux fournit 0,257 % de cendres blanches, par conséquent, on obtient par ce traitement :

Matières gommeuses	0,623
Cendres.............................	0,257
Poids de l'extrait aqueux	0,880

4. *Recherche des matières albuminoïdes.* — L'incinération du résidu avec un peu de sodium donne un résidu qui, convenablement traité par le mélange de sels ferroso-ferriques, fournit un précipité bleu qui indique la nature azotée de la matière, en admettant que cet azote soit sous forme de principe protéique, on obtient son poids en multipliant la quantité d'azote trouvé par 6,25. Le dosage à la chaux effectué d'après la méthode de Will et Varentrapp nous a fourni pour le poids des matières albuminoïdes $10^m,857$.

5. *Incinération.* — En incinérant la poudre, on obtient le poids des sels fixes qui est de 3,7375 %.

En ajoutant ce nombre à ceux que nous venons d'indiquer ci-dessus, c'est-à-dire au poids des produits extraits à l'aide de l'éther de pétrole, de l'alcool et de l'eau et à celui des matières albuminoïdes obtenues par calcul d'après le dosage à la chaux et en retranchant la somme de 100, on trouve, comme différence, le poids du ligneux et de la cellulose. Nous pouvons donc d'après ces données établir comme suit la composition du pain de *O'Dika* :

Corps gras (acides laurique et myristique).	72 gr.	15	Sol. dans éther de pétrole.
Glucose, tannin et matière amère........	2	40	Sol. dans alcool.
Résine	0	55	
Matières gommeuses	0	623	Sol. dans l'eau.
Cendres.............................	0	257	
Matières albuminoïdes	10	857	
Cendres.............................	3	7375	
Ligneux et cellulose (différence)........	9	4255	
	100 gr.	»	

Il est bon de rapprocher de l'analyse de l'*O'Dika* celle de la graine d'*Oba* due à M. Schlagdenhauffen :

Extrait au pétrole : Corps gras solide......... 56,375
 — à l'alcool : Matière résineuse, sucrée,
    amère, taurique................... 11,650
Incinération : Sels fixes.................... 2,650
Matières albuminoïdes..................... 20 »
Par différence : Cellulose.................. 9,318

100 »

Si nous comparons maintenant la composition chimique de la graine d'*Oba* à celle du pain de *O'Dika*, nous sommes fatalement conduits à admettre qu'un élément étranger s'introduit comme composant de ce pain, car les deux constitutions sont trop différentes pour émaner d'un même produit végétal. Ce résultat analytique vient donc confirmer l'appréciation des voyageurs rapportée par M. le professeur Marchand au sujet de l'introduction des graines étrangères à *Irvingia gabonensis* et notamment de celles du *Mangifera africana* et du *Pentaclethra macrophylla* dans la fabrication du pain d'*O'Dika*.

Nous allons examiner d'une manière spéciale les divers produits obtenus successivement par l'action de nos dissolvants.

B. — *Produit extrait par l'éther de pétrole. (Corps gras).*

Il fond à 41°,6 et se prend de nouveau en masse à 34°,8. Il possède une odeur spéciale beaucoup plus prononcée à chaud qu'à froid. A l'état liquide, il est jaune orangé, mais, fondu et sec, il présente une teinte gris-jaunâtre.

Il est entièrement soluble dans trois fois son volume d'acétone et dans vingt-cinq fois son volume d'alcool à 90°. Ces solutions laissent déposer après refroidissement des aiguilles très fines qu'on peut obtenir d'un blanc de neige à la suite de plusieurs cristallisations répétées.

Il se dissout aisément dans le chloroforme, l'éther et le sulfure de carbone. A l'état solide ou en solution chloroformique, il ne se colore pas au contact de l'acide sulfurique concentré.

A la température du bain-marie, on voit se produire une teinte orange. L'acide sulfurique concentré additionné d'une trace de chlorure ferrique, fait apparaître une couleur bleue qui ne vire pas au ponceau et exclut par conséquent la présence probable de la cholestérine. Des essais directs effectués en vue d'y retrouver ce composé n'ont amené d'ailleurs que des résultats négatifs.

Le corps gras est aisément saponifiable par la potasse ou la soude alcoolique à la température du bain-marie. Il suffit de quelques minutes de contact pour arriver à la formation du savon.

En opérant sur 300 grammes de matière nous avons préparé la combinaison potassique qui, dissoute dans l'eau et traitée par de l'acide chlorhydrique en excès, nous a fourni un gâteau assez volumineux d'acides gras. Après les lavages nécessaires pour éliminer l'excès d'acide et de chlorure alcalin, nous avons obtenu un produit presque blanc, fusible vers 40°, complètement sec. L'alcool à 90°, à chaud, dissout parfaitement ce mélange et abandonne après refroidissement des cristaux aiguillés fusibles à 37°,4.

Pour connaître la nature de la composition de ce mélange, nous ajoutons à la solution alcoolique une solution alcoolique d'acétate de magnésie et procédons ainsi à des précipitations fractionnées successives. Les précipités sont jetés séparément sur filtré, lavés à l'alcool, puis décomposés par l'acide chlorhydrique. Les acides gras correspondants sont soumis à des cristallisations répétées dans l'alcool, et l'on obtient finalement, à la suite de ces diverses opérations, deux produits dont l'un cristallise à 43° et l'autre à 53°,5.

Ce sont, d'après les indications des auteurs, des points très voisins du degré de fusibilité des acides *laurique* et *myristique*. Les autres précipités magnésiens, décomposés de la même façon par l'acide chlorhydrique, fournissant des acides gras dont le point de fusion est intermédiaire entre ces derniers, ne doivent être considérés que comme des mélanges. Nous admettons donc que les acides gras du beurre de *O'Dika* sont constitués par de l'*acide laurique* et de l'*acide myristique*, et, si d'autre part, nous nous appuyons sur les travaux de Heintz (1) et de Oudemanns (2), dont les noms font autorité dans la technique des corps gras, nous pouvons affirmer sans

(1) *Annales de Pogg.*, xc, p. 137.
(2) *Répertoire de chimie appliq.*, 1860, p. 390.

crainte d'être démenti que ces deux acides *laurique* et *my-ristique* se trouvent à peu près à parts égales dans ce beurre. Nous croyons pouvoir affirmer, en outre, l'absence complète d'*oléine* dans ce produit, d'abord en raison de la production d'un mélange qui n'est ni liquide ni même buty-reux, extrait du gâteau des acides gras, et ensuite à cause de l'impossibilité dans laquelle nous nous sommes trouvé de préparer un savon plombique soluble dans l'éther. Les acides gras du beurre de Dika ne renferment donc pas d'acide oléique et sont uniquement formés d'acides *laurique* et *myristique*.

C. — *Produits extraits par l'alcool.*

Nous obtenons, comme nous l'avons indiqué plus haut, un mélange de divers principes faciles à déceler par les réactifs chimiques, mais dont les caractères organo leptiques sont d'autant moins aisés à reconnaître que la solution aqueuse présente une réaction franchement acide au tournesol.

L'acidité est-elle due au tannin ou à un acide particulier? Nous serions tenté d'admettre cette dernière hypothèse et d'attribuer la présence de cet acide à un produit pyrogené formé lors de la préparation du pain. D'ailleurs il doit se former et il se forme en réalité, par suite de la température élevée à laquelle on porte le mélange des graisses, un pro-duit spécial qui ne peut provenir que de l'altération de la matière protéique y contenue. Ce produit, mal défini, ne constituant pas une entité chimique, mais pouvant le devenir dans certaines conditions de température, donne à la solution aqueuse une saveur légèrement amère et se comporte, à l'égard des réactifs, comme les ptomaïnes. Il précipite, en effet, au contact des *iodures doubles* et du *cyanoferride ferrique*.

Une expérience comparative faite avec des amandes douces nous fournit un résultat absolument identique. Mêmes précipités avec l'*iodure ioduré de potassium*, avec l'*iodure de mercure et de potassium*, l'*iodure de bismuth et de po-tassium* et formation de bleu de Prusse avec le *cyanure rouge additionné de chlorure ferrique*.

Faudrait-il conclure de là que les extraits alcooliques ou, ce qui revient au même, les liquides provenant du traitement par l'eau du pain d'*O'Dika* ou des amandes grillées, soient toxiques en raison de la minime quantité de composé analogue aux ptomaïnes dont nous venons de déceler la présence ? Nous ne le pensons pas, car l'innocuité complète dont jouit la matière alimentaire si répandue chez les Pahouins, jointe à celle des gâteaux nommés *petits-fours* par nos pâtissiers, prouve bien qu'il n'en est pas ainsi.

Il se dégage cependant de cette discussion une question à examiner de plus près ; il faut trouver les conditions de température qui coïncident avec le rendement maximum du composé à fonction alcaloïdique dont nous venons de signaler l'existence dans les amandes grillées de l'*Oba*.

Ce sera l'objet d'une étude spéciale et d'un caractère général, qui ne serait pas ici à sa place.

D. — *Produit extrait par l'eau.*

La matière gommeuse que l'on obtient après traitement par l'eau de la poudre épuisée par l'alcool ne présente rien de particulier. La solution précipite par l'*alcool*, le *chlorure ferrique* et l'*acétate triplombique* et jouit, par conséquent, des propriétés générales de la *gomme arabique* (*arabine*). Ce produit est fourni par les lacunes à mucilage dont tout le tissu parenchymateux de la graine est rempli.

En résumé, le gâteau de *O'Dika* est un aliment complet composé comme il suit : les quatre cinquièmes sont constitués par des corps gras, glycérides des acides *laurique* et *myristique*, 10 %, de principes albuminoïdes, une petite quantité de sucre et d'autres éléments qu'on retrouve en général dans les graines alimentaires.

Il résulte nettement de cette analyse que le pain de l'*O'Dika* est une matière nutritive appréciable. Dès lors, s'il est vrai, comme le laissent pressentir certains auteurs, notamment O'Rorke (*loc. cit.*), que ce produit est employé pour adultérer le cacao dans la fabrication du chocolat, il ne faut pas s'en inquiéter outre mesure au point de vue de la santé publique. Cette fraude serait plus supportable que celle qui consisterait (comme le pratiquent, dit-on, certains industriels pour la préparation de chocolats inférieurs) à mêler au cacao des tourteaux d'amandes ou d'arachides, des noisettes, de la farine de fève, de la stéarine, etc., etc..... J'ajoute qu'en raison du degré de fusibilité du corps gras de l'*O'Dika*, si rapproché de celui du cacao, cette fraude, au moins dans les mélanges adultérins où la proportion d'*O'Dika* ne serait pas trop élevée, resterait fort difficile à reconnaître. Voici comment s'exprime O'Rorke au sujet de son *chocolat des pauvres* qu'il eut l'idée de préparer avec le pain d'*O'Dika* seulement. « La ressemblance du pain de *Dika* avec le cacao m'a » donné l'idée d'en fabriquer du chocolat avec le sucre et un » aromate. Le résultat est certainement encourageant. Ce » chocolat préparé au lait, à la façon ordinaire, a été goûté » avec plaisir par les personnes non prévenues..... Le » pain de *Dika,* d'après son premier importateur Aubry- » Lecomte, peut valoir au Gabon de 60 à 75 centimes le kilogramme (1). »

Nous avons vu que le corps gras de l'*O'Dika* y existe en quantité appréciable ; industriellement on peut aisément, par la pression ou par le traitement au sulfure de carbone, en obtenir de 48 à 70 °/₀ de la graine privée de son endocarpe ou 18 à 21 °/₀ de la graine pourvue de cette enveloppe coriace. Ainsi extrait, ce corps se présente sous l'aspect d'une masse d'un blanc teinté, rappelant un peu le beurre de cacao, moins l'odeur particulière à ce dernier corps. Lecomte, agrégé à la Faculté de médecine de Paris, en a fait une étude d'application pratique en fabricant avec ce corps un très beau savon à base de soude ; il en a fait aussi de la bougie. J'ai moi-même donné à essayer ce produit dans la grande usine à stéarinerie de MM. Fournier à Marseille ; il a été employé comparativement avec le produit similaire provenant de l'*Irvingia Oliveri* Pierre (de Cochinchine), appelé *beurre de Caÿ Caÿ*. Voici le résultat de cet essai industriel :

(1) Ce renseignement ne concorde pas avec celui que m'a fourni feu Pierre, mort directeur du Jardin d'essai de Libreville, qui voulut bien m'acquérir un pain de 6 kilog. (celui dont j'ai donné la figure), et qui le paya un fusil de traite de la valeur de 15 francs. A ce prix, le kilo de *pain de Dika* revient à plus de 2 francs. Mais, pour les besoins industriels, il suffirait d'acheter la graine en nature non manipulée, qui serait évidemment d'un prix bien inférieur.

BEURRES D'IRVINGIA.

Irvingia Oliveri PIERRE, de la Cochinchine et du Cambodge.

Rendement en huile par le sulfure de carbone sur la graine non décortiquée.............	12,80 %
Rendement en huile par le sulfure de carbone sur la graine décortiquée.................	61 »
Saponification-déchet......................	10 »
Rendement en glycérine	11 »
Rendement en stéarine de saponification.....	83,97
Fusion des acides gras de saponification	35°,50
Fusion stéarine.........................	36°,50

Irvingia gabonensis H. BAILLON, du Gabon-Congo.

Rendement en huile par le sulfure de carbone sur la graine non décortiquée	21 » %
Rendement en huile par le sulfure de carbone sur la graine décortiquée.................	48 »
Saponification-déchet......................	10 »
Rendement en glycérine....................	10,80
Rendement en stéarine de saponification.....	82,53
Fusion des acides gras de saponification.....	39° »
Fusion stéarine..........................	39°,50

La comparaison des chiffres ci-dessus montre la presque complète identité qui existe entre le corps gras fourni par les deux graines d'*Irvingia*, au point de vue de l'emploi en stéarinerie. Ces deux huiles concrètes présentent la particularité d'avoir des acides gras à point de fusion peu élevé, bien qu'elles soient à l'état neutre d'une consistance solide accentuée.

Les acides gras de saponification pressés donnent une stéarine dont la fusibilité est sensiblement la même que celle des acides gras avant pression, ce qui indique une composition particulière pour ces huiles, composition presque homogène, puisque l'élimination des acides gras liquides n'a point, par la pression, changé sensiblement la fusibilité de la matière avant pression ; tandis que les huiles, en général, donnent toujours une différence plus ou moins grande entre le point de fusion des acides gras et celui de la stéarine correspondante. Le déchet de 10 % à la saponification confirme encore cette composition spéciale du beurre des *Irvingia*, puisque le déchet théorique est de 5 %. Cet excédent de déchet indique qu'il entre dans la composition de cette huile des acides gras solubles, tels que l'acide *butyrique*, l'*acide caprylique* et *caproïque* qui sont éliminés à la saponification. Ce déchet anormal rapproche les huiles d'*Irvingia* de l'huile de Coco, qui donne aussi un déchet élevé à la saponification. On trouve aussi, au point de vue physique, un rapprochement entre ces deux huiles, dans l'odeur qui est identique de part et d'autre.

Le beurre de *O'Dika* (Gabon) pourrait donc être employé sinon par l'industrie de la stéarinerie, du moins, avec grand avantage, par celle de la fabrication des savons ; les expériences de Lecomte l'établissent nettement. D'autre part, la parfumerie et la pharmacie pourraient en faire un large emploi pour les *pommades à grain lisse, cold-cream, cérats odoriférants* et *translucides, cosmétiques fins*, etc...... En 1858, MM. Mazurier (du Havre) proposaient, d'après O'Rorke, le beurre pur de *O'Dika* tout préparé au prix de 1 fr. 50 le kilog. Ce prix pourrait être moindre encore aujourd'hui, en raison de la plus grande facilité des approvisionnements en matière première (1). D'après Baillon, « MM. Gellé frères, à » Paris, Pilastre à Rouen, ont proposé, avec MM. Mazurier, » d'employer cette matière grasse à plusieurs usages indus- » triels ; on en a préparé *une substance analogue à la stéa- » rine*, des *parfumeries fines*, des *cérats*, des *savons à base » de soude*. » La pharmacie pourrait trouver grand avantage à substituer au beurre de cacao notre substance un peu moins fusible que ce dernier corps, pour la préparation des suppositoires médicamenteux (glycérocones, etc.) ; ceux qu'on prépare actuellement, à enveloppe de beurre de Cacao, étant d'un prix très élevé. En dehors de sa moindre valeur vénale, le beurre de *O'Dika* aurait, sur le beurre de cacao, la supériorité de se travailler plus facilement à la machine à fabri-

(1) A cette époque, notre colonie du Gabon, seul point où l'on pût se procurer des graines d'*Oba*, était isolée sur la côte occidentale d'Afrique, sans communications périodiques avec la France, et sans voie de pénétration dans les régions intérieures boisées où le végétal producteur abonde. Aujourd'hui, il n'en est plus ainsi : le Gabon et le Congo français ne forment plus qu'une immense possession, et des lignes de paquebots, partant de Marseille, visitent régulièrement, une fois par mois, notre nouvelle colonie d'Afrique tropicale, faisant escale à Libreville (capitale du Gabon) et à Loango (dans le Congo).

quer les cônes de suppositoires, et de ne pas fondre dans les doigts de la personne qui doit en assurer l'emploi.

On se demande comment, avec des applications si multiples, si variées et si importantes, sans compter la facilité de se le procurer en abondance dans nos immenses possessions actuelles de l'Afrique tropicale (Gabon, Congo français et Congo belge), ce produit de haute valeur n'est pas devenu encore d'emploi usuel dans notre industrie européenne. Serait-il bien téméraire d'espérer que cette modeste étude ne restera pas étrangère à la diffusion, dans un avenir prochain, de la graine de l'*Oba* jusqu'ici méconnue dans sa valeur, tant comme substance alimentaire que comme matière grasse ? L'espèce principale qui donne l'*O'Dika* devrait, est-il besoin de l'ajouter, être propagée dans nos colonies françaises tropicales, la reproduction par les graines étant absolument assurée, à la condition qu'elles soient aussi fraîches que possible.

CHAPITRE II.

BEURRE DE CAŸ-CAŸ.

Le beurre de *Caÿ-Caÿ* est le pendant asiatique du beurre d'*O'Dika* africain. Il est fourni par un végétal congénère de celui qui donne le produit dont je viens de faire l'examen détaillé. Dans ces conditions, il n'était pas possible de séparer l'examen de l'un de l'étude de l'autre : le rapprochement s'imposait en raison des origines végétales congénères de ces deux produits. Il était en outre intéressant, comme je l'ai dit déjà, de connaître les similitudes ou les différences de composition qui séparent ou unissent ces deux produits.

Irvingia Oliveri. Pierre (en annamite vulgaire, *Caÿ-Caÿ* ; Mand, *Môc-Tông* ; Cambodge, *Châm-Bác*).

L'*Irvingia Oliveri* Pierre et l'*Irvingia Malayana* Oliver, sont les deux seuls végétaux connus comme producteurs du beurre de Caÿ-Caÿ.

Le premier est un grand et bel arbre forestier d'une hauteur de 30 à 35 mètres environ sur un diamètre moyen de

1 mètre, mais mesurant souvent jusqu'à 2ᵐ,50 à la base (1). Son tronc droit et élancé est terminé par des rameaux nombreux garnis d'un feuillage touffu : l'écorce est grisâtre, verruqueuse, parsemée de taches jaunâtres dues à l'exfoliation de sa partie superficielle (périderme). Les jeunes rameaux présentent une teinte rougeâtre et çà et là quelques lenticelles. Cette écorce est amère et riche en principes astringents.

Feuilles alternes, simples, entières, coriaces et glabres, courtement pétiolées, ovales allongées, arrondies ou subcordées à la base, légèrement acuminées au sommet. A teinte vert pâle ou un peu glauque, à nervure médiane saillante sur la face supérieure, ces feuilles sont munies de dix à onze petites côtes de chaque côté, distinctes sur les deux faces, reliées par des nervures et des côtes élevées, les premières transversales, les secondes parallèles aux petites côtes.

Les nervures latérales se détachant de la nervure médiane, se dirigent vers les bords en s'incurvant vers le sommet et se réunissant l'une à l'autre de manière à former une sorte de nervure marginale ondulée à 5 millimètres environ du bord. Les feuilles des arbres élevés ont une longueur de 5 centimètres environ, leur sommet est légèrement obtus. Ici, comme dans tous les *Irvingia*, le bourgeon terminal est enveloppé dans une sorte de spathe, en forme de capuchon, constituée par les stipules extra-axillaires de la dernière feuille qui se sont soudées de la même façon que celles des Artocarpées et enveloppent toute la portion extrême du jeune rameau, jusqu'au jour où elles se détacheront à peu près circulairement par la base, ne laissant sur l'axe d'autre vestige qu'une cicatrice circulaire. L'arbre fleurit en mars ou en avril. Inflorescences axillaires en grappes simples ou ramifiées plus courtes ou de même longueur que les feuilles, en moyenne 5 à 6 centimètres de longueur : elles sont différentes de celles de l'*Irvingia gabonensis*. Les pédicelles floraux pourvus à la base d'une bractée et mesurant 1/4 de millimètre, portent des fleurs petites, verdâtres. Le calice est formé de cinq sépales à limbes obtus (mesurant

---

(1) Son bois, de couleur jaune très pâle, assez joli étant verni, est d'une texture fine, très serrée, à fibres longues et légèrement contournées. Dur, lourd, coriace, difficile à travailler, il se pourrit difficilement et n'est pas attaqué par les insectes. Contrairement à l'assertion de Mottley, cette essence ne résisterait pas aux ravages des tarets. C'est, du moins, la conviction des Annamites. Sa densité approximative est de 0,960. Lorsque le bois n'est pas creux (et il l'est souvent), il peut être employé pour la charpente, le charronnage, la menuiserie, la confection des herses, rouleaux et autres instruments en usage dans les travaux des champs. Les Annamites n'en font guère que des colonnes de cases, des pilotis et différentes pièces de leurs embarcations. (*Le bois industriels et exotiques*, par Grisard et Vanden-Berghe, *Revue des sciences naturelles appliquées*, n° 21, 5 novembre 1892.)

1 1/2 ou 1 1/5 de millimètre) qui sont membraneux : les pétales de
2 3/4 mm. sont concaves. Les étamines inégales ont des filets subulés,
longs de 1 à 2 millimètres Les anthères, au nombre de dix, insérées à
la base du disque, sont ovales, émarginées ; le disque (de 1/2 millimètre sur 1 millimètre) est entier et pourvu de légers sillons qu'on voit
plus accentués sur l'*Irvingia gabonensis*. Le style dressé (1/5 de millimètre), tronqué, est deux fois plus court que l'ovaire. Le stigmate est
très petit. L'ovaire est à deux loges uniovulées, à ovules semi ana-
tropes. Le fruit a 45 millimètres de long sur 27 millimètres de large, sa
face comprimée n'a que 15 millimètres de diamètre. La pulpe de son
épicarpe et sarcocarpe est juteuse avec un goût légèrement amer, ce
qui ne l'empêche pas d'être recherchée par certains animaux (Cervi-

Fig. 15. — Fruits d'*Irvingia Oliveri* dépouillés de leur sarcocarpe.

dés). L'endocarpe est épais de 2 millimètres et envoie de nombreuses
fibres à travers le sarcocarpe, sa surface interne est lisse et vernissée.
Le spermoderme est coriace et n'a pas plus d'un 1/2 millimètre
d'épaisseur. Les cotylédons sont à peine plan convexe et de 5 millimètres d'épaisseur environ (1).

Le fruit, sur lequel il faut revenir, est une drupe de forme ovoïde,
comprimée, à peine atténuée et obtuse au sommet, grosse comme un
œuf de pigeon, à mésocarpe fibreux et à endocarpe lignifié, osseux. A
sa maturité complète, le fruit est jaune. Au moment de la récolte, lorsque l'épicarpe a été détruit, le fruit réduit à son endocarpe a la forme
et la grosseur d'une amande de petite dimension ; sa surface est grise
et comme veloutée (fig. 13, *A*). Cette apparence est due à la persis-
tance des fibres qui traversent le mésocarpe après la destruction du
parenchyme sarcocarpique. La coque fendue présente souvent, comme
le fruit de l'*Irvingia gabonensis*, la trace d'une deuxième loge avortée

(1) Leur goût est agréable et rappelle tout à fait celui des amandes de l'*Irvingia gabonensis ;* elles laissent une arrière-saveur de très légère amertume
comme ces dernières, elles sont mucilagineuses.

(fig. 13, *C*). L'unique loge présente une graine revêtue d'un spermoderme brun marron, lisse et cassant, le raphé s'épanouit aussi latéralement sur le spermoderme en griffes transversales (fig. 13, *B*). Quelquefois il y a deux graines, une dans chaque loge. Ce spermoderme est formé de deux enveloppes dont la plus interne subéreuse est sillonnée par des faisceaux blanchâtres et transversaux. L'embryon charnu est formé de deux cotylédons appliqués l'un contre l'autre (fig. 13 C, *c*) : la radicule minime est cachée au sommet de la graine et à la base des cotylédons (fig. 13 C, *b*) qui présentent en cet endroit une dépression pour la loger, mais pas d'auricules comme dans l'*Irvingia gabonensis* : traces d'albumen jaune grisâtre dans la graine mûre.

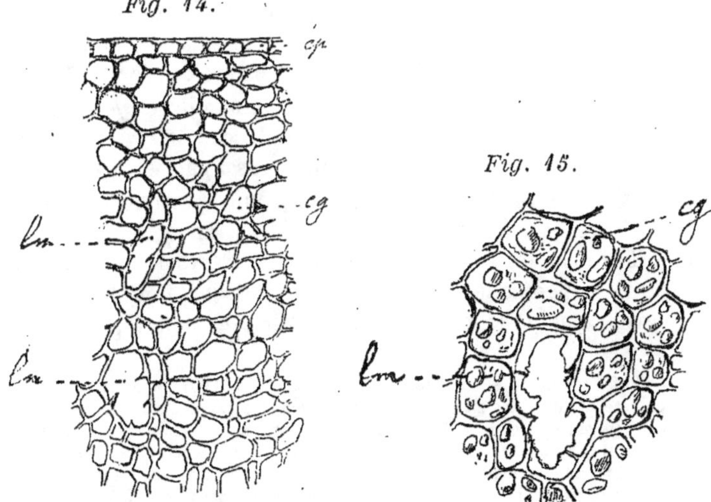

Fig. 14. — Coupe transversale d'un cotylédon d'*Irvingia Oliveri* : *lm*, lacune mucilagineuse ; *cg*, cellules grasses.

Fig. 15. — Coupe transversale très grossie d'une lacune à mucilage *lm* entourée de cellules grasses *cg*.

Si on fait une coupe à travers ces cotylédons, on trouve, comme dans *Irvingia gabonensis*, un parenchyme interrompu par des lacunes mucilagineuses de nature leissogène (fig. 14 et 15 *lm*). M. Vignoli (1), pharmacien de la marine, a indiqué les mêmes organes dans les feuilles (pétioles) et l'écorce : il les

(1) Le CAŸ-CAŸ ou *Irvingia Oliveri* (Thèse dé l'Ecole supérieure de Pharmacie de Montpellier, 1886). Pl. 1.

a désignés sous le nom de *réservoirs à gomme*, mais il ne les a pas cherchés dans l'embryon. M. Pierre, dans son beau travail sur la *Flore forestière de Cochinchine* (Pl. 263), au texte duquel je fais de nombreux emprunts pour cette description, ne les signale pas non plus. Ils sont suffisamment caractéristiques et par la gomme (*arabine*) produite et par leur forme, pour permettre de reconnaître un mélange de cacao et de Caÿ-Caÿ.

Originaire du sud de l'Indo-Chine dont elle constitue une des plus belles essences forestières, cette espèce se rencontre dans l'*Assam*, au *Laos*, au *Cambodge*, à *Phu-Quoc* et en Cochinchine où elle est surtout abondante à *Baria*, à *Long-ay*, *Tramban* et dans la région boisée qui entoure le *Nui-ba-den* près de *Tay-Ninh*, tout en croissant disséminée et commune dans les clairières et sur la lisière des forêts (1).

L'*Irvingia Malayana* Oliver (en annamite *Caÿ-Caÿ*; en Kmer, *Kramaon Cham-bâc*; en Malacca, *Mirlang*), arbre de 15 à 20 mètres de haut (2), donne aussi par ses graines du beurre de *Caÿ-Caÿ* (3). Il se confond presque, d'après M. Pierre (4), avec l'*Irvingia Oliveri*, en a le faciès et en diffère par les caractères suivants : « Feuilles un peu plus » petites, pédicelles sans bractéole, disque non lobé et à » parois à peine sillonnées, enfin fruit plus petit (5). »

(1) Voici comment M. Pierre (*Fl. for. de Coch.* Pl. 263) justifie la fréquence de ce vétégal dans les clairières : « Deux causes expliquent cette fréquence. » Son bois est très coriace, très difficile à couper et ses graines sont alimen-» taires. Il est donc toujours conservé dans les défrichements. Son amande a » un goût agréable même pour l'Européen, c'est une réserve excellente pour les » populations forestières qui ne connaissent ou ne peuvent pratiquer que la » jachère. »

(2) Bois de couleur chamois pâle, tirant sur le jaune, dur, à grain fin et ne se gerçant pas en se séchant, employé pour fabriquer des manches de Kriss (Grisard et Vanden-Berghe, *Les bois exotiques, loc. cit.*). M. Pierre dit que ce bois peut être comparé à celui du *Mangifera indica* et à celui du *Bouea*, qu'il est très difficile à travailler, qu'il n'est utilisé que pour des auges et des pilotis dans les terrains humides.

(3) Cette graine, comme celle de l'espèce précédente, renferme de la matière grasse, mais en quantité moindre.

(4) Pierre, *Flore forestière de Cochinchine (loc. cit.).*

(5) Cette espèce a été décrite, pour la première fois, par Oliver dans *Fl. Brit. Ind.* Hooker fils, I, p. 522. Plus tard, M. Pierre, directeur du Jardin botanique de Saïgon, l'avait nommée *I. Harmandiana* (du nom de son collecteur M. Harmand) dans les cultures du Jardin botanique de Saïgon (1886) ; plus tard encore, n'ayant pas publié l'espèce, M. Pierre reconnut que c'était celle de la *Flore de l'Inde*, éditée en 1875. Entre temps, M. de Lanessan l'avait

Ce végétal, moins répandu que *I. Oliveri* en Basse-Cochin-chine et au Cambodge, habite surtout dans la province de *Compong-Xoai* (Cambodge), d'après Harmand (1).

Voici la diagnose de cette espèce telle que la donne M. Pierre (2) :

« Feuilles ovales lancéolées ou ovales oblongues arrondies
» à la base, terminées en une pointe subaiguë, glabres, mu-
» nies de vingt-quatre petites côtes reliées par des nervures
» transversales subparallèles et des veines aréolées. Fleurs
» disposées en grappes axillaires assez courtes, entièrement
» glabres, munies à la base d'une bractée et d'une bractéole.
» Disque capuliforme à cinq lobes arrondis et courts termi-
» nant cinq côtes longitudinales (3), parallèles et élevées.
» Fruit sphérique, comprimé, arrondi aux deux extrémités
» contenant une à deux loges monospermes. »

En voici maintenant la description d'après le même auteur :

« Arbre de 15-20 mètres. Rameaux grêles portant des traces stipu-
» laires. Stipules géminées longues de 22 millimètres. Pétiole long de
» 12 à 15 millimètres. Limbe long de 11 à 12 centimètres, large à la
» base de 6 centimètres. Grappes à peine composées ou simples,
» longues de 4 à 5 centimètres. Pédoncule long de 1 centimètre 1/2.
» Sépales obovés longs de 1 millimètre 1/4. Pétales longs de 2 milli-
» mètres 3/4. Etamines 10 millimètres, les alternes un peu plus
» courtes, à filets longs de 2 millimètres 1/2 à 3 millimètres, tordus.
» Anthères ovales, basifixes, un peu émarginées. Disque long de
» 1 millimètre formant gynophore à la base, très concave et portant
» un ovaire à deux loges ovulées. Le style est tordu et se termine par
» un *stigmate pelté* et *concave au centre*. L'ovule est inséré un peu au-
» dessus du milieu de la loge. Il a le micropyle extérieur et supère.
» Le fruit a 57 à 62 millimètres de longueur et 34 millimètres de lar-
» geur. Sa face transversale n'a que 17 millimètres. L'épicarpe est

signalée sous le nom de *I. Harmandiana* Pierre, dans ses *Plantes utiles des colonies françaises*, p. 306, en 1886. En 1890, M. Pierre a publié la description magistrale de cette espèce et d'*I. Oliveri* Pierre, accompagnée d'une magnifique planche très détaillée, dans son bel ouvrage en cours de publication sur la *Flore forestière de Cochinchine* (O. Doin, éditeur).

(1) M. Pierre (*loc. cit.*) inclinerait à croire qu'il existe à Bornéo, d'après l'exemplaire sans fructification provenant de cette île qui figure au musée de Leyde. Cette question est à élucider.

(2) Pierre, *Flore forestière de Cochinchine*, pl. 263.

(3) La figure de M. Pierre (*loc. cit.*) porte non pas un disque à 5 lobes, mais à 10 lobes terminant 10 côtes verticales.

» mou, le sarcocarpe est traversé par des productions fibrovasculaires
» de l'endocarpe exactement comme dans le *Mangifera indica* et le
» *Bouea*, genres avec lesquels cette plante a beaucoup d'affinités.
» L'endocarpe a 2 millimètres 1/2 à 3 millimètres d'épaisseur. Il est
» vernissé en dedans. Le tégument est coriace et n'a pas plus d'un 1/2
» millimètre d'épaisseur. Il adhère à un albumen à peu près aussi
» épais. Les cotylédons sont chacun épais de 3 millimètres et à peine
» plan-convexes (1). La radicule est supère et courte. »

« Cette espèce contiendrait beaucoup moins de matière
» grasse que *I. Oliveri* : mais je n'ai pas vérifié ce point,
» n'ayant jamais pu avoir des graines. D'après les indigènes
» ses amandes sont, comme celles de cette dernière espèce,
» très agréables à manger ; elles sont aussi utilisées pour la
» fabrication des bougies. »

Le bois, d'après Pierre, serait employé comme celui de
l'*I. Oliveri*. Une note de Mottley à Kew affirme que cette
essence est à l'épreuve du taret : d'après M. Pierre ce n'est
pas l'avis des indigènes pour le Caÿ-Caÿ.

RÉCOLTE DES FRUITS. — Nous allons faire maintenant l'his-
torique de la récolte, de l'emploi des fruits et de l'extraction
des corps gras par les indigènes en ce qui touche à l'*Irvingia
Oliveri*. Nous suivrons ici les indications fournies par M. Vignoli (2) et prises sur les lieux mêmes par cet auteur :

« L'arbre fleurissant de février à avril, les fruits ont at-
» teint leur maturité complète de fin juillet à octobre. Ils se
» détachent alors des rameaux et se répandent sur le sol où
» les Annamites viennent les rassembler en tas. Ils les aban-
» donnent ainsi sur les lieux mêmes pendant deux mois, pour
» laisser les parties molles se détruire, et ce n'est qu'en oc-
» tobre que la récolte est faite. Les fruits de Caÿ-Caÿ sont
» alors transportés dans les habitations et exposés aux
» rayons du soleil pour hâter leur dessiccation.
» Nous ferons remarquer ici que certains animaux, tels

---

(1) Il est probable, sans que je puisse l'affirmer toutefois, n'ayant jamais eu
les graines, qu'on trouve dans cette plante les mêmes lacunes à mucilage que j'ai
signalées dans les cotylédons de sa voisine *I. Oliveri*. M. Pierre est muet sur
ces organes dont il signale la présence, comme je l'ai dit, dans les pétioles et
l'écorce de l'*I. Oliveri*.

(2) Le *Caÿ-Caÿ*, etc., p. 36 et suivantes.

» que : Singes, Comans, Sangliers, Comings, encore assez
» nombreux dans les forêts de la Cochinchine, sont très
» friands des amandes du Caÿ - Caÿ qu'ils arrivent très
» bien à avoir malgré la dureté des téguments qui les en-
» veloppent. De l'abandon qui leur est fait de ces fruits
» pendant deux mois, doit donc résulter une perte sensible
» dans lá récolte.

» EXTRACTION DU CORPS GRAS. — Les fruits secs sont ou-
» verts à l'aide d'un fort couteau (*Cai-ruà*), et les amandes
» qui en sont extraites sont d'abord exposées au soleil pen-
» dant quelque temps, puis broyées dans un mortier. La
» pulpe ainsi obtenue est passée dans des tamis en bambou
» tressé (*dôn*), soumise ensuite à des procédés de liquéfaction
» et d'expression dont il nous faut donner ici quelques dé-
» tails. Nous verrons, en effet, par cet exposé, que les pro-
» cédés d'extraction, actuellement employés par les indi-
» gènes, laissent perdre une grande partie du corps gras.

» *Liquéfaction.* — Dans une marmite, aux deux tiers
» remplie d'eau et posée sur un trépied, on place une autre
» marmite dont le fond en bambou, finement tressé, n'arrive
» pas jusqu'à la surface de l'eau. C'est dans cette deuxième
» qu'est mise la pulpe des amandes de Caÿ-Caÿ. L'orifice
» étant hermétiquement clos, on porte l'eau à une tempéra-
» ture élevée, en évitant toutefois de déterminer son ébulli-
» tion.
» Lorsque la pulpe, suffisamment pénétrée par la vapeur
» d'eau, est devenue une pâte gluante, on la sort et on l'en-
» veloppe dans une natte en paille de riz ; ou bien encore,
» prenant une gerbe de paille de riz, on lie solidement une
» des extrémités, écartant alors les brins de paille par leurs
» parties libres, on place entre eux la pâte de Caÿ-Caÿ ; puis,
» rassemblant la paille au-dessus du produit, on ficelle le
» faisceau par l'autre extrémité de façon à bien emprisonner
» la substance.

» *Expression.* — La presse, à l'action de laquelle doivent
» être soumis les pains de matière grasse ainsi préparés, se
» compose d'un tronc d'arbre percé transversalement d'un
» orifice carré de 30 centimètres de côté environ, communi-

» quant dans la partie centrale avec une longue cavité cylin-
» drique dirigée dans le sens même de l'axe et à diamètre
» moindre que celui de la cavité transversale. C'est dans
» cette cavité cylindrique que l'on engage les boules de ma-
» tière grasse.

» Lorsque l'appareil est garni, on applique, contre la boule
» la plus rapprochée de la cavité transversale et carrée, une
» ou plusieurs rondelles de bois du diamètre de la cavité
» cylindrique, et entre ces rondelles et l'autre paroi de la
» cavité transversale, on fait avancer à grands coups de
» maillet un long coin en bois. La matière liquide exprimée
» tombe dans une rigole qui longe la cavité cylindrique, et
» sort par une ouverture pratiquée dans la partie la plus dé-
» clive de l'appareil.

» Lorsque le coin a produit tout son effet, on le sort ; on
» ajoute de nouvelles rondelles de bois et l'opération est re-
» commencée ; ainsi de suite jusqu'à ce que le coin refuse
» d'entrer. A ce moment, on sort le tout ; la pâte est broyée
» de nouveau, soumise à l'action de la vapeur d'eau, puis ex-
» primée comme il a été dit plus haut. Cette dernière opéra-
» tion est renouvelée encore une fois, après quoi les tour-
» teaux sont mis de côté. Ils servent ensuite, soit à faire du
» feu ou de l'engrais, soit à nourrir les bestiaux (1).

» *Rendement*. — Dans un rapport, en date du 27 no-
» vembre 1884, adressé à M. le Secrétaire Général de Saïgon
» par M. Lacan, administrateur de Tay-Ninh, nous trouvons
» le passage suivant : « Pour obtenir un pain de cire de
» 2 kilos il faut deux *Gia* ou 50 kilos de noix, qui donnent
» 10 kilos d'amandes. Ces proportions ne sont pas rigoureu-
» sement exactes, elles dépendent, en effet, de la qualité de
» l'amande et de sa manipulation. »

Les procédés employés par les indigènes ne leur permet-
traient donc d'extraire que 20 % de matière grasse. Or, nous
avons vu dans le tableau comparé de l'emploi des deux
beurres d'*Irvingia* pour la fabrication des bougies, que les
amandes sèches de Caÿ-Caÿ contiennent 61 % de corps

---

(1) L'analyse chimique de ces graines nous renseignera, plus loin, sur leur
valeur nutritive, qui est très appréciable et justifie l'emploi de ce tourteau
comme aliment.

gras, ce qui semblerait indiquer une perte de 41 %. En réalité cette perte n'est que de 31 %, si nous tenons compte dans nos calculs de l'état plus avancé de dessiccation, dans lequel se trouvaient les amandes qui ont servi au dosage de la matière grasse, dans l'essai industriel fait au sulfure de carbone. Les indigènes perdent donc plus de la moitié du produit.

Le corps gras ainsi obtenu est employé à la fabrication de bougies d'un commerce restreint dont la paire vaut 20 centimes. La flamme de ces bougies est plus brillante que celle de nos chandelles, moins que celle des bougies ; elle n'émet aucune odeur désagréable.

On trouve le plus souvent le beurre de Caÿ-Caÿ sous la forme d'un cône tronqué du poids de 2 k., 500 environ (1). Il est d'un jaune grisâtre, onctueux au toucher et d'une odeur particulière, qu'une élévation de température rend forte et désagréable.

Voici, d'après les recherches du professeur Schlagdenhauffen, faites sur ma demande, l'analyse des graines d'*Irvingia Oliveri* dépouillées de leur endocarpe osseux :

Matière grasse..................	73,60
Sucres.......................	1,25
Mat. alb. sol...................	0,40
Mat. alb. ins.......	18,35
Sels fixes.....................	3,45
Cellulose, gomme et tannin.......	2,95
	100,00

La détermination de ces divers principes a été faite de la manière suivante :

Les graines pulvérisées ont été épuisées par l'éther de pétrole dans un appareil à déplacement continu, à chaud. La solution pétrolique a été évaporée au bain-marie pendant le temps nécessaire jusqu'à disparition complète du dissolvant. Le poids du résidu a été de 73,60.

Quand on exprime les graines à la presse, le tourteau qui en résulte renferme encore 33,33 0/0 de corps gras que l'éther de pétrole enlève très facilement.

(1) J'ai reçu de Cochinchine des pains de 1 k. 500 environ qui avaient la forme propre aux pains de camphre du commerce, c'est-à-dire de véritables calottes sphériques.

La matière épuisée cède à l'eau une faible proportion de sucre 1,25 0/0, 0.40 seulement de matières albuminoïdes et du mucilage gommeux (*arabine*).

Le résidu, soit 24,75 0/0, a été divisé en deux parties : l'une a servi au dosage des matières albuminoïdes insolubles par le procédé à la chaux. La quantité d'ammoniaque mise en liberté, absorbée par un volume déterminé d'acide sulfurique 1/5 normal, a permis de calculer le poids des matières protéiques, soit 18,35 0/0.

L'autre a fourni, après incinération, 3,45 0/0 de sels fixes.

En reprenant le résidu par l'eau, on décèle la présence de chlorures, de sulfates et de carbonates de potasse et de soude. Dans la partie insoluble, se trouvent principalement des sulfates, carbonates et phosphates de chaux.

Il n'existe point de lithine dans les cendres.

La cellulose a été obtenue par différence, en ne retranchant du poids total 21,475, celui de la matière protéique et des sels fixes.

La petite quantité de tannin qui accompagne la cellulose ne provient pas du périsperme. La graine ne renferme pas de matière amylacée.

Comme on le voit par cette analyse, la graine d'*Irvingia Oliveri* reconnaît une composition très rapprochée de celle d'*I. gabonensis;* la quantité de corps gras est à peu près équivalente dans les deux graines, et, dans la première, les matières protéiques y sont à peu près en quantité égale aussi, ce qui implique le même degré de valeur nutritive. Les autres éléments composants sont équivalents de part et d'autre. Il n'en est pas ainsi avec le beurre de *O'Dika*.

Mais les affinités entre ces deux plantes sont poussées plus loin et se retrouvent jusque dans la composition chimique du corps gras similaire qui caractérise les deux graines. Il résulte, en effet, des études de M. le professeur Schlagdenhauffen que la matière grasse du Caÿ-Caÿ est formée par les acides *myristique* et *laurique* comme celle de l'*Odika*.

Ces résultats prévus démontrent : 1° que les affinités végétales peuvent être fructueusement suivies, pour être établies sans conteste, jusque dans la composition la plus intime des végétaux ; 2° que les végétaux dont nous venons de nous occuper, en tant que producteurs de corps gras et de matière alimentaire, méritent d'être propagés ou protégés tout au moins dans nos colonies françaises tropicales, et que leurs produits ont droit à une place marquée dans nos industries européennes.

Voici l'analyse du corps gras (beurre de *Caÿ-Caÿ* :

Le corps gras, épuisé à la presse ou extrait à l'aide de l'éther de pétrole, fond à 39°,5. Il est parfaitement soluble dans l'alcool, l'acétone, l'éther et l'éther de pétrole, et se dépose de ses solutions sous forme d'écailles nacrées. Saponifié par la potasse ou la soude, il fournit, après décomposition du savon par l'acide sulfurique, un mélange d'acides gras, solides à la température ordinaire. Le gâteau, lavé complètement jusqu'à disparition de toute trace d'acide minéral, est chauffé au bain-marie. Son point de fusion est 37°,2. Ce mélange d'acides gras est soluble dans l'acétone et dans l'alcool. En faisant refroidir les solutions chaudes, on obtient des cristaux d'un blanc mat, mélangés à des cristaux aiguillés, groupés en étoiles entièrement transparentes. Il est facile, à l'inspection de la forme cristalline de ces deux produits, de constater que l'on a affaire à des corps différents.

En procédant à des cristallisations répétées dans l'acétone, nous avons fini par obtenir un composé dont le point de fusion a toujours été le même, 53°,6. Ce produit ne saurait être autre chose que de l'*acide myristique*. Les premières eaux mères contiennent des mélanges de ce même acide myristique avec un autre acide gras à point de fusion beaucoup moins élevé. Elles fournissent toujours des mélanges de cristaux brillants et des cristaux mats.

Enfin, dans les dernières eaux mères, on n'obtient plus qu'un produit fusible à la température de 35°,1 entièrement soluble dans l'alcool et l'acétone et qui ne renferme pas d'acide oléique. La masse fondue exprimée à la presse, ne fournit absolument pas d'acide gras liquide.

En nous guidant sur les expériences de Heintz qui font autorité en pareille matière (*Dict. de Wortz*, II, p. 209), nous sommes amenés à conclure que, dans les circonstances actuelles, où l'on a constaté d'une part la fréquence de l'acide myristique et de l'autre l'absence d'acide oléique, le mélange d'acides gras examinés renferme 30 % d'*acide myristique* et 70 % d'*acide laurique*.

Cette analyse infirme les données fournies par M. Vignoli (*loc. cit.*, p. 49) qui attribue à ce corps gras : *acide oléique*, 30 %, et *acides indéterminés*, 38,5 %. Elle démontre, en outre, qu'il y a qualitativement sinon quantitativement, identité complète de composition entre les corps gras des deux *Irvingia* du Gabon et de Cochinchine.

La ressemblance entre deux espèces, si éloignées par leur habitat et si rapprochées morphologiquement, est, comme on le voit, poussée très loin. Ce fait démontre jusqu'à quelles limites peut être fructueusement poursuivie la recherche des affinités entre les espèces. C'est une voie féconde à élargir.

La similitude entre les deux produits des *Irvingia* du Gabon et de Cochinchine est donc complète, mais on peut en poursuivre la preuve jusque dans la composition chimique des cendres de la graine.

Voici cette analyse faite par M. Schlagdenhauffen, à ma demande :

ANALYSE COMPARATIVE

DES

CENDRES DE LA GRAINE D'*IRVINGIA OLIVERI* ET D'*I. GABONENSIS*

	POIDS DES CENDRES %.	
ESPÈCES VÉGÉTALES.	ENDOCARPE (1).	COTYLÉDONS AVEC LEUR SPERMODERME.
—	—	—
I. Oliveri.............	1,028 (2)	1,958 (3)
I. gabonensis........	1,413 (2)	2,922 (3)

(1) Il est remarquable de voir que cet endocarpe osseux (surtout dans *I. Oliveri* où il est très dur) renferme, dans les deux cas, environ moitié moins de cendres que l'amande : c'est le contraire qu'on aurait pu supposer *à priori*. Quant à la différence de poids entre les cendres des coques et des amandes dans les deux graines, elle tient à la différence de poids des graines et à leur grosseur dissemblable. Les graines d'*I. Oliveri* sont bien plus petites que celles d'*I. gabonensis*. Mais la composition chimique de ces graines est identique de part et d'autre, bien que les végétaux croissent sur des terrains de nature toute différente physiquement et chimiquement.

(2) Ces cendres renferment : silice, soude, potasse, pas de lithine.

(3) Ces cendres renferment les mêmes éléments chimiques.

Versailles, imp. CERF ET Cⁱᵉ, 59, rue Duplessis.